DROITS & OBLIGATIONS
DES BOULANGERS

PAR

EMILE JOUAULT

DOCTEUR EN DROIT

AVOCAT A LA COUR D'APPEL

DE PARIS

EN VENTE :

26, RUE DE L'UNIVERSITÉ, 26
PARIS

PRIX : 1 franc 50

AUXERRE

IMPRIMERIE DE L'INDÉPENDANT AUXERROIS

IMPRIMEUR DE LA PRÉFECTURE

14, Rue d'Egleny, 14

1909

DROITS & OBLIGATIONS DES BOULANGERS

PAR

EMILE JOUAULT

DOCTEUR EN DROIT
AVOCAT A LA COUR D'APPEL
DE PARIS

EN VENTE :

26, RUE DE L'UNIVERSITÉ, 26
PARIS

PRIX : 1 franc 50

AUXERRE

IMPRIMERIE DE L'INDÉPENDANT AUXERROIS

IMPRIMEUR DE LA PRÉFECTURE

14, Rue d'Egleny, 14

1909

AVIS

Cet ouvrage ayant été conçu dans le but essentiellement pratique de renseigner MM. les boulangers sur leurs droits et obligations, nous avons cru devoir nous abstenir de toutes considérations doctrinales ou économiques et nous borner à présenter le tableau des solutions données par la jurisprudence, aux différentes questions qui peuvent intéresser nos lecteurs dans la pratique de leur profession.

CHAPITRE PREMIER

Régime de la boulangerie
antérieurement au décret du 22 Juin 1863

Les premières dispositions législatives sur l'exercice du commerce de la boulangerie ne paraissent pas remonter au delà du XIVe siècle. Elles portèrent principalement sur le poids, le prix du pain, le salaire des ouvriers talmeliers. Il fut interdit de cumuler la profession de mesureur de grains et celle de meunier. La peine du pilori fut prononcée contre ceux qui contreviendraient à cette dernière prescription.

Dès le règne de Philippe-Auguste les boulangers furent réunis en corporations. Dans les faubourgs existaient des corporations distinctes de celles de la ville de Paris. Un édit d'Août 1711 les réunit toutes ensemble. Le décret des 2-17 Mars 1791, qui abolit les jurandes et maîtrises, entraîna la suppression de la corporation des boulangers, mais, dès avant cette époque, l'article 3, paragraphe 4, titre XI, de la loi des 16-24 Août 1790, avait rangé parmi les objets confiés à la vigilance et à l'autorité des corps municipaux « l'inspec-« tion sur la fidélité du débit des denrées qui se vendent au « poids, et sur la salubrité des comestibles exposés en vente « publique. »

Cette loi conférant aux maires la faculté de réglementer l'exercice de la profession de boulanger, il en résultait nécessairement le même droit au profit de l'autorité supérieure hiérarchiquement placée au-dessus de l'autorité municipale. Aussi le gouvernement s'est-il toujours reconnu le droit d'intervenir directement. De nombreux décrets et ordonnances furent rendus, notamment celui du 1er Novembre 1854 qui a réglementé la boulangerie de Paris jusqu'à ce que le décret du 22 Juin 1863 vint proclamer la liberté de la boulangerie en France, sous la réserve, cependant, des mesures de police que nous étudierons plus loin.

Le régime de la boulangerie en France, tel qu'il existait avant 1863, peut se résumer ainsi :

1° Le nombre des boulangers était limité d'après le nombre des habitants dans chaque commune, à titre de compensation des obligations qui leur incombaient.

2° L'autorisation d'exercer la profession devait faire l'objet d'une demande dans chaque ville.

3° Les établissements de boulangerie étaient classés d'après leur cuisson journalière.

4° Les boulangers étaient obligés d'avoir un certain approvisionnement en farine, correspondant généralement à trois mois de consommation.

5° Ils étaient obligés de former un Syndicat chargé de veiller à l'exécution des règlements.

6° Ils ne pouvaient abandonner leur profession sans en avoir fait la déclaration préalable et en observant certains délais variables selon les localités.

7° Ils étaient obligés de faire un certain nombre de fournées par jour, dont le Syndicat fixait le nombre.

8° Le dépôt de garantie qui appartenait au boulanger qui quittait sa profession, pouvait être confisqué.

Toutes ces dispositions, dont quelques unes étaient d'une illégalité manifeste, ont été supprimées par le décret du 22 Juin 1863.

CHAPITRE II

Régime actuel du commerce de la boulangerie depuis le 22 Juin 1863

Le décret du 22 Juin 1863 a proclamé la liberté du commerce de la boulangerie en France, supprimant toutes les dispositions des anciens décrets et ordonnances, autres que les dispositions relatives à la salubrité et à la fidélité du débit du pain.

Un décret ne pouvant abroger une loi, il est universellement admis que ce décret n'a pas retiré à l'autorité municipale le droit que lui conférait l'article 3, paragraphe 4 du titre XI de la loi des 16-24 Août 1790, de prendre des mesures, dans l'intérêt public, pour assurer la fidélité du débit des denrées qui se vendent au poids et la salubrité des comestibles exposés en vente publique. Le Conseil d'Etat, dans un arrêt du 4 Février 1869 (S. 70, 2, 92), a dit : « On « a substitué le régime de la liberté et de la concurrence au « régime prohibitif, mais on n'a pas voulu, par un simple « acte réglementaire, toucher aux droits et aux pouvoirs « que les maires tiennent de la puissance législative. »

Cette interprétation du décret du 22 Juin 1863 résulte encore de deux circulaires du Ministre de l'Agriculture, du du Commerce et des Travaux publics, engageant les maires à s'associer à l'expérience tentée par le Gouvernement pour établir la liberté de la boulangerie.

Les maires ont donc, à l'heure actuelle, le droit de réglementer la profession de boulanger.

Indiquons quelles sont les lois d'où dérivent les pouvoirs, pour chacune des matières sur lesquelles ils peuvent prendre des arrêtés :

A. — *En ce qui concerne la taxe,* les maires tiennent leurs pouvoirs actuellement :

1° des articles 30 et 46, titre I de la loi des 19-22 Juillet 1791.

2° du paragr. 5 de l'art. 97 de la loi du 5 Avril 1884.

3° du paragr. 6 de l'art. 479 du Code pénal.

B. — *En ce qui concerne la fidélité du débit, la salubrité du pain* (et l'autorisation préalable, si on admet que cette dernière obligation est encore légale), les maires tiennent leurs pouvoirs :

1° de l'art. 3, par. 4, titre XI de la loi des 16-24 Août 1790.

2° de l'art. 97, p. 5 de la loi du 5 Avril 1884.

C. — *En ce qui concerne l'approvisionnement,* les maires tiennent leurs pouvoirs :

1° de l'art. 97, p. 6 de la loi du 5 Avril 1884.

2° des art. 1 et 2 de la loi du 21 Juin 1898.

D. — *En ce qui concerne les fours et fournils,* les maires tiennent leurs pouvoirs :

1° de l'art. 97, n° 6, de la loi du 5 Avril 1884.

2° des art. 1 et 8 de la loi du 21 Juin 1898,

Le maire a, seul, le droit de réglementer la profession de boulanger dans sa commune ; il n'a à consulter que lui-même pour juger de l'opportunité de la mesure.

Toutefois, les pouvoirs qui appartiennent au maire ne font pas obstacle au droit du préfet de prendre, pour toutes les communes du département ou plusieurs d'entre elles, et dans tous les cas où il n'y aurait pas été pourvu par les autorités municipales, toutes mesures relatives au maintien de la salubrité, de la sûreté et de la tranquillité publiques. Ce droit ne peut être exercé par le préfet, à l'égard d'une seule commune, qu'après une mise en demeure au maire restée sans résultats.

Les arrêtés relatifs à la taxe et à l'approvisionnement constituent des arrêtés temporaires qui doivent recevoir leur exécution immédiate, dès l'instant de leur publication, sans qu'il soit nécessaire d'en envoyer une ampliation au préfet et d'attendre le délai d'un mois fixé par l'art. 95 de la loi du 5 Avril 1884.

Les arrêtés relatifs à d'autres matières, notamment à la qualité et au poids du pain, étant, au contraire, des règlements permanents ne deviennent exécutoires qu'après l'approbation de l'autorité supérieure. — Cassation, 29 Nov. 1867. (S. 68, 1, 276.)

Si un arrêté municipal est relatif, tout à la fois, à la qualité, au poids et au prix du pain, il n'en a pas moins le caractère d'arrêté temporaire et est, comme tel, exécutoire immédiatement. La taxe est, en effet, la partie principale dans un arrêté de cette nature ; tandis que les dispositions relatives à la qualité et au poids ne sont que l'accessoire ; or le principal l'emporte toujours sur l'accessoire. — Cass., 3 Mars 1860. — (D. 60, 5, 320.) — Cass., 2 Juillet 1896. — Jour, dr. adm. 1896, 326.

Si un maire rétablit la taxe, après l'avoir supprimée, il n'est pas obligé de prendre préalablement un arrêté spécial soumis à l'approbation du préfet. — Cass., 21 Novembre 1867 (précité).

La taxe, régulièrement publiée par l'autorité municipale par voie de publication et d'affiches en vertu de l'art. 96 de la loi du 5 Avril 1884, est immédiatement obligatoire pour les boulangers, comme pour les habitants. Le tableau imprimé que, dans certaines villes, il est d'usage de remettre aux boulangers pour l'afficher, n'est qu'un supplément à la publication officielle. Dès lors le boulanger, pris en contravention, ne peut invoquer comme excuse qu'il n'a pas reçu le tableau de la taxe. — Cass., 23 Novembre 1854. — (S. 55, 1, 765.)

L'arrêté du maire pris dans un intérêt communal peut blesser d'une manière notable les intérêts des boulangers qui, eux aussi, ont droit à la protection de la loi.

Dans ce cas les intéressés recourront par voie gracieuse au maire pour le prier de rapporter son arrêté S'il refuse, les intéressés pourront s'adresser à l'autorité supérieure. Ce droit résulte de l'art. 91 de la loi du 5 Avril 1884 ainsi conçu : « Le maire est chargé, sous la surveillance de l'autorité supérieure... » et de l'art. 31 de la loi des 19-22 Juillet 1791 qui permet d'appeler des décisions des magistrats municipaux devant le directoire du département.

Le préfet ayant remplacé le directoire du département, les boulangers peuvent en appeler à lui, des décisions des maires.

Cette interprétation de l'art. 31, qui fut admise vers 1892, permit aux préfets d'annuler ou de modifier un certain nombre d'arrêtés municipaux.

Ce recours n'est jamais suspensif, en ce sens que le juge

de simple police, saisi d'une contravention au règlement attaqué, ne pourrait surseoir à statuer jusqu'après la décision de l'autorité administrative.

Ce droit de recourir au préfet n'est soumis à aucun délai et peut être exercé en tout temps. Aucun délai n'est imposé au préfet pour se prononcer ; aucune règle n'est fixée pour déterminer les motifs de ses décisions. En pratique, les préfets prennent l'avis d'une Commission composée de producteurs de blé, de meuniers et d'anciens boulangers, ou se font adresser un rapport par des experts compétents.

Si le préfet maintient l'arrêté attaqué, les intéressés ont le droit de recourir au ministre : ainsi en a, en effet, décidé un arrêt du Conseil d'Etat.

Depuis la loi du 24 Juillet 1872, seule l'autorité administrative est compétente pour connaître des recours pour excès de pouvoir formés contre les arrêtés des maires fixant la taxe du pain ou réglant l'exercice de la profession de boulanger. L'art. 9 est ainsi conçu : « Le Conseil d'Etat statue souve-« rainement sur les demandes d'annulation pour excès de « pouvoir, formées contre les actes des diverses autorités « administratives. »

Les tribunaux ordinaires ne peuvent, ni modifier par leur interprétation les règlements administratifs, notamment ceux relatifs au poids du pain, ni prononcer l'annulation de ces règlements, sous peine de violer le principe de la séparation des pouvoirs — Cass., 28 Avril 1859. — (D. 59, 5, 45.) — Cass., 15 Février 1898. — (S. 98, 1, 457.)

CHAPITRE III

De l'autorisation préalable

Avant le décret du 22 Juin 1863, la question de savoir si l'exercice de la profession de boulanger pouvait être soumis à la délivrance d'une autorisation préalable par l'autorité municipale se résolvait affirmativement. — Cass., 16 Juillet 1840. — (P. chr. II, 1. 287.) — Il avait été jugé qu'un tel arrêté ne portait aucune atteinte à la liberté de l'industrie et n'était pas contraire à la Constitution du 4 Novembre 1848. — Cass., 19 Août 1848. — (S. 49, 1, 287.) — Trib. Nantes, 23 Janvier 1850. — D., 50, 3, 15.)

La jurisprudence avait eu, à plusieurs reprises, l'occasion de déterminer quels étaient les établissements soumis à cette formalité. :

Jugé que l'exercice de la profession de boulanger résulte du fait de fabriquer du pain et de le vendre au poids, quelque petit que soit le nombre des acheteurs et quand bien même il serait restreint à la fourniture d'un club. Alors du moins que les membres de ce club varient en nombre et personnalités et ne constituent pas une association de personnes vivant en commun. — Cass., 28 Juillet 1848. — (S., 48. 1. 669.) — Cass., 27 Juin 1851. - (D., 52. 5. 56.) — Cass., 13 Sept. 1859. — (D., 50. 5. 47.)

Est soumis aux obligations des boulangers, celui qui

confectionne des pains avec une farine fournie par une Société dont il est l'ouvrier, revend l'excédent des pains que la Société ne consomme pas et lui abandonne à titre de salaire. — Cass., 1er Décembre 1848. — (D., 51. 5. 51.)

Le décret du 22 Juin 1863 ayant, dans son article 1er, abrogé les dispositions des ordonnances, décrets et règlements généraux qui soumettaient à une autorisation préalable l'exercice de la profession, on s'est demandé si la nécessité de l'autorisation préalable pourrait être encore exigée légalement :

La Cour de Cassation a reconnu aux maires le droit d'imposer aux bouchers l'obligation de se munir d'une autorisation. — Cass., 7 Mars 1874. — (D., 76. 5. 57.) — Cette solution pourrait-elle être appliquée, par analogie, aux conditions d'ouverture d'une boulangerie? La question reste douteuse. Elle ne paraît pas offrir un grand intérêt pratique.

A Paris, l'autorisation préalable n'est pas exigée. L'arrêté du Préfet de la Seine du 31 Août 1863, décide que l'autorité municipale peut exiger une *déclaration* préalable de ceux qui veulent s'établir boulangers ; ce qui exclut, par conséquent, la nécessité d'une *autorisation*. On peut tirer argument, dans le même sens, pour Paris, de l'ordonnance de ſpolice du 27 Mars 1906, qui, dans son art. 26, soumet à une simple déclaration préalable, l'exploitation des fours de boulangers.

Si on admet, cependant, que l'autorisation préalable peut encore être imposée, il faut distinguer le droit d'exercer la profession, de l'achalandage attaché à la maison. L'autorisation étant personnelle, ne peut pas se transmettre, mais l'achalandage peut faire l'objet d'une vente régulière, quitte à l'acquéreur de se munir personnellement d'une autorisation. En conséquence, le boulanger qui loue la maison dans laquelle il fait son commerce, n'investit pas son locataire de son titre de boulanger. — Caen, 6 Février 1828. — (P. chr.)

Le refus d'un maire d'autoriser l'ouverture d'une boulangerie ne pourrait être basé que sur des motifs graves tirés de la personne du postulant. Il pourrait être attaqué devant le préfet et le ministre.

En tout cas, l'autorité municipale ne peut certainement pas établir la limitation du nombre des boulangeries, ni exiger d'un boulanger une déclaration préalable pour la cessation de son industrie. Un tel arrêté serait contraire au principe de la liberté de la boulangerie, établi par le décret de 1863 et pourrait être annulé pour excès de pouvoir.

Un maire peut donner au même individu le droit de tenir plusieurs fonds de boulangerie et même un ou plusieurs dépôts de pain. — Cass., 26 Nov. 1857. — (S., 58. 1. 86.)

CHAPITRE IV

De la boulangerie foraine, des revendeurs et regrattiers

Le décret du 22 Juin 1863 n'a pas abrogé les anciens règlements sur la boulangerie foraine. Cela résulte explicitement d'une phrase de la circulaire ministérielle du 3 Août 1863, ainsi conçue : « Les règlements concernant la boulan- « gerie foraine devront être combinés, désormais, de manière « à lui accorder toutes les facilités nécessaires pour l'appro- « visionnement des villes. »

Il a été jugé que les maires peuvent, en vertu des pouvoirs que leur attribue la loi du 5 Avril 1884, obliger les boulangers forains à ne vendre que sur le marché public, à l'étalage et dans des lieux désignés. Toute contravention à un semblable arrêté serait punissable. — Cass., 18 Août 1853. — (D., 53. 5. 48.) — Cass., 18 Juillet 1861. — (S., 62. 1. 448.) — Mais serait illégal un arrêté qui obligerait les habitants à acheter leur pain chez les boulangers résidants, à l'exclusion des forains.

Un maire peut défendre aux boulangers, n'ayant pas leur domicile dans la commune, de faire porter du pain chez les habitants. Il n'y a pas là une atteinte au principe même de la liberté de l'industrie. La contravention fait encourir l'amende de l'art. 471, n° 15, du Code pénal, mais non la peine de la confiscation que les maires ne peuvent pas prononcer. — Cass., 18 Juillet 1861, précité.

Le maire peut restreindre, non seulement les lieux, mais encore les jours où il est permis aux boulangers forains de vendre du pain, sans qu'il y ait violation de l'art. 7 de la loi des 2-17 Mars 1791, sur la liberté du commerce. — Cass., 3 Janvier 1835. — (Bull. cass. crim. n° 3.)

Avant la loi municipale de 1884, le préfet avait le droit d'interdire l'apport et la distribution à domicile des pains fabriqués en dehors du rayon de l'octroi. — Cass., 14 Mai 1859. — (S., 59. 1. 713.) — Ce pouvoir se trouve restreint maintenant par l'art. 99 de la loi de 1884.

D'ailleurs la circulaire ministérielle du 3 Août 1863, recommandant d'accorder aux boulangers forains toutes facilités pour l'approvisionnement des villes, les préfets ne pourraient prendre une telle mesure qu'après autorisation donnée par le ministre, sous peine de méconnaître les instructions de l'autorité supérieure et de s'exposer, en cas de recours, à voir leur arrêté annulé par le ministre.

Avant le décret du 22 Juin 1863, il était de jurisprudence que l'autorité municipale avait le droit, non seulement de réglementer la profession de revendeur de pain ou de regrattier, mais encore de l'interdire complètement.

Depuis le décret de 1863, le maire a toujours le même pouvoir, ayant conservé le droit de prendre les mesures nécessaires pour assurer la subsistance publique.

La jurisprudence antérieure à 1863, est donc toujours intéressante à connaître :

Il a été jugé que la vente du regrat, lorsqu'elle est interdite, ne peut être punie que des peines de la contravention et non de la confiscation. Un arrêté qui prononcerait cette dernière peine serait illégal. — Cass., 22 Nov. 1838. — (D., 38. 1. 386.) — Cass., 4 Août 1838. — (D., 38. 1. 472.)

Est donc en contravention le menuisier qui revend du pain dans sa boutique, malgré la défense d'un arrêté municipal. — Cass., 20 Avril 1844. — (Bull. cass. crim. n° 148.) — La contravention est punie des peines de l'art. 471, n° 15, du Code pénal.

La profession de regrattier, sans être interdite complètement, peut aussi être restreinte dans les limites exigées par le maintien de l'ordre public. — Cass , 30 Mai 1834. — (D., 34. 1. 312.)

CHAPITRE V

De la taxe

Il est de jurisprudence constante que le décret du 22 Juin 1863, sur la liberté du commerce de la boulangerie, n'a nullement restreint le droit de taxer le pain, que l'autorité municipale possède en vertu de l'art. 30 de la loi des 19-22 Juillet 1791. Ce droit résultant d'une loi ne pouvait être supprimé que par une loi et non par un décret. De nombreux arrêts l'ont décidé ainsi. — Cass., 9 Nov. 1889. — (S., 90. 1. 187.) — Cass., 20 Déc. 1889. — (S., 90. 1. 491.)

Le ministre du Commerce l'a, lui-même, reconnu dans une lettre de 1879 adressée au président de la Commission des pétitions à la Chambre des députés : « L'administration, « disait-il, s'est bornée, dans cette question, à procéder par « voie de persuasion ; attendu que le pouvoir d'appliquer la « taxe résulte pour les maires d'une loi et qu'il ne peut leur « être interdit d'en faire usage, tant que cette loi n'est pas « abrogée. Les maires n'ont besoin de consulter qu'eux-« mêmes pour établir, supprimer, ou rétablir la taxe. » — Cass., 17 Mai 1878. — (S., 79. 1. 288.)

Ils peuvent également ordonner que leurs arrêtés portant taxation, seront affichés chez les boulangers. (Même arrêt.)

L'autorité municipale a seule qualité pour établir la taxe. Un usage local ne saurait suppléer à un arrêté. — Cass.,

14 Nov. 1840. — (S., 41. 1. 480.). — Nous verrons plus loin quelle est la force d'un simple usage, en ce qui concerne la forme des pains.

L'autorité municipale ne peut pas interdire aux boulangers de fabriquer certaines qualités de pain. Cette doctrine, si conforme à la raison, avait été pourtant contredite par un arrêt de la Cour de Cassation du 29 Mai 1868. — (S., 69. 1. 286.) — Quatre boulangers avaient été poursuivis pour avoir fabriqué et vendu à un prix supérieur à la taxe, un pain d'une qualité autre que celles prévues et taxées. Le jugement qui les acquittait, fut cassé par l'arrêt précité. Cette jurisprudence inconciliable avec la loi de 1791 et le décret de 1863, aboutissait à dire que le maire peut, s'il lui plaît, interdire à ses administrés de manger du pain de luxe ou même simplement du bon pain. Elle a été définitivement condamnée par des décisions plus récentes. — Conseil d'Etat, 4 Février 1869. — (S., 70. 2. 92.) — Cass., 9 Nov. 1889. — (S., 90. 1. 187.) — Cass., 12 Déc. 1890. — (S., 94. 1. 95.) — Cass., 26 Déc. 1895. — (S., 96. 1. 225.)

Ne commet donc aucune contravention, le boulanger qui met en vente du pain dit *gruauté*, lorsque l'arrêté municipal qui défend seulement de vendre le pain de première et de deuxième qualité, à un prix supérieur à la taxe, ne défend pas la fabrication et la mise en vente de pain de qualité différente. — Cass., 9 Nov. 1889 et 20 Déc. 1889, précités. — Trib. simple police de Luzarches, 2 Déc. 1898. — (Rev. just. paix. 1902. 149.) — Trib. s. pol. Charenton, 7 Juin 1902. — (Gaz. Trib. du 28 Août 1902.)

Le boulanger qui est, en même temps, hôtelier, n'est pas tenu de vendre le pain au prix taxé aux clients qu'il nourrit, car il agit alors, non comme boulanger, mais comme hôtelier. — Cass., 24 Sept. 1844. — (D , rép,, v°. Boulanger, n° 60.)

Aucune loi n'autorise les maires à défendre de vendre le

pain au-dessous de la taxe. Le boulanger est libre de renoncer à son bénéfice, si bon lui semble. La loi n'a voulu protéger que les consommateurs. Le caractère d'ordre public de la mesure, n'étant institué qu'en leur faveur. Le boulanger, en vendant au-dessous de la taxe, ne tombe donc sous l'application, ni de l'art. 479, n° 6, ni de l'art. 471, n° 15, du Code pénal. — Cass., 28 Juin 1851. — (S., 52. 1. 144.) — Cass., 11 Mars 1852. — (S., 52. 1. 683.)

La faculté de taxer le pain comporte pour les maires le droit de graduer la taxe, suivant les diverses qualités mises en vente. — Cass., 9 Nov. 1889 et 20 Déc. 1889, précités.

Le maire peut ne taxer qu'une seule qualité de pain et exempter les autres qualités de toute taxe. — Trib. paix Moyenneville, 2 Juillet 1897. — (Rev. j. paix. 98. 222.)

Mais, en sens contraire, l'autorité municipale ne peut établir une surtaxe sur le prix du pain, s'ajoutant à la taxe variable. Cette surtaxe serait une imposition extraordinaire soumise aux règles édictées par l'art. 143 de la loi du 5 Avril 1884, modifiée par la loi du 7 Avril 1902.

Une commune ne pourrait donc pas, pour favoriser l'établissement d'un moulin, autoriser son maire à obliger les boulangers d'une ville à payer un droit de mouture déterminé, en les indemnisant par l'élévation de la taxe du pain, sauf à observer les règles rappelées ci-dessus, pour les impositions extraordinaires.

Le boulanger qui vend le pain au-dessus de la taxe, tombe sous l'application de l'art. 471, n° 15, du Code pénal. — Cass., 3 Janvier 1878. — (S., 78. 1. 88.) — Il ne peut être renvoyé des poursuites sous aucun prétexte, notamment en alléguant qu'il y a eu, de sa part, erreur involontaire. — Cass., 23 Déc. 1853. — (S., 54. 1. 337.) — Cass., 26 Mai 1854. — (D., 54. 5. 74.)

Non seulement le boulanger ne peut pas vendre au-dessus

du tarif, mais encore il est obligé de vendre au prix fixé. S'il refuse de vendre le pain qu'on offre de lui payer comptant, en alléguant qu'il ne trouve pas la taxe assez élevée, il commet la contravention punie par l'art. 479, n° 6, Code pénal. Il ne saurait prétendre que les boulangers jouissent du libre exercice de leur profession et qu'il n'existe aucune disposition légale les obligeant à vendre. La taxe, lorsqu'elle est instituée dans une commune, est, en effet, une mesure d'ordre public. — Cass., 12 Mai 1854. — (S., 54. 1. 500.) — Cass., 11 Janvier 1889, précité.

Cependant le principe de la liberté du commerce et du domicile, permet à un boulanger de refuser de vendre du pain à une personne déterminée, en lui refusant même l'accès de son magasin. Ce n'est là que l'usage d'un droit qui appartient aux boulangers comme à tous autres commerçants. — Cass., 11 Janvier 1889, précité.

Sans doute l'abus est possible, et, sous prétexte de convenance personnelle, le boulanger soumis à la taxe, pourrait en arriver à refuser de vendre à qui ne voudrait pas payer plus que le prix fixé. C'est au juge qu'il appartient d'apprécier la sincérité de l'explication produite.

Par aucun moyen le boulanger ne peut obtenir un prix supérieur à celui fixé par l'arrêté du maire. Il doit tenir compte à l'acheteur des centimes formant la différence entre la somme payée et le prix taxé. La difficulté de se procurer des centimes, n'est pas une excuse, le boulanger pouvant parfaire la différence en donnant un morceau de pain en plus. — Cass., 16 Août 1855. — (D., 55. 1. 144.)

Il résulte des art. 479, p. 6, et 480, p. 3, du Code pénal, que le tribunal de simple police est compétent pour juger les infractions aux arrêtés municipaux fixant la taxe.

La vente au-dessous du poids, constitue la vente au-dessus de la taxe : en effet, donner pour le prix de la taxe une quantité de pain inférieure à celle fixée par les règlements, c'est vendre au-delà du prix légal.

Toutes les contraventions relatives à la vente au-dessus de la taxe, entraînent la condamnation du boulanger, sans qu'il y ait lieu de rechercher si elles résultent de son fait personnel ou de celui de ses préposés. La vente au-dessus de la taxe, effectuée par la femme du boulanger ou par son comm's, entraîne la condamnation du patron.

CHAPITRE VI

De l'approvisionnement

Le droit des maires de prendre des arrêtés prescrivant aux boulangers d'avoir leurs boutiques garnies de pain, résulte de la loi du 5 Avril 1884, art. 97, n° 6, qui a reproduit la disposition contenue dans le paragr. 5 de l'art. 3, titre XI, de la loi des 16-24 Août 1790. L'autorité municipale est chargée du soin de prévenir, par des précautions convenables, les événements calamiteux, tel que le serait le manque de pain dans une commune. — Cass., 20 et 27 Juillet 1854. — (S., 54. 1. 737.) — Cass., 14 Nov. 1856. — (D., 56. 5. 44.) — Avant la loi de 1884, le droit des maires n'avait subi aucune restriction par le décret du 22 Juin 1863. — Cass., 29 Mai 1868. — (S., 69. 1. 286.)

L'art. 2 de la loi du 21 Juin 1898, a reconnu à nouveau le pouvoir des maires en cette matière.

Le boulanger pris en contravention ne peut être relaxé par l'admission d'excuses non autorisées par la loi, ou de distinctions que l'arrêté n'aurait point faites. — Cass., 29 Août 1856. — Bull. cass. crim., n° 304.)

Le contrevenant ne peut être excusé sous le prétexte qu'une nouvelle fournée cuisait et que le boulanger avait offert à l'acheteur d'attendre quelques minutes, le pain étant sur le point d'être cuit. — Cass., 21 Janvier 1853. — (S., 54. 1, 337.)

. Le juge reste appréciateur souverain de la question de savoir si la quantité de pain trouvée dans la boutique était encore suffisante pour que celle-ci n'ait pu être considérée comme dégarnie. — Cass., 9 Nov. 1853. — (Bull. cass. crim., n° 352.)

Le contrevenant ne peut être excusé sous le prétexte que la fournée de la nuit avait été enlevée le matin par des gens des villages voisins. — Cass., 27 Août 1853. — (S., 54. 1. 337.)

Il en est de même de l'excuse tirée de ce que le boulanger avait dû satisfaire aux besoins de la banlieue et avait livré au public la même quantité de pain que les jours antérieurs. — Cass., 17 Février 1855. — (S., 55. 1. 237.)

Mais il serait excusable si la quantité manquante se trouvait complétée par le pain qui était à cuire dans le four, alors surtout qu'il a pu satisfaire à toutes les demandes de pain. — Cass., 24 Février 1855. — (D., 55. 5. 49.)

Il n'y a pas infraction, s'il est justifié que le pain fabriqué a été enlevé au fur et à mesure de la mise en vente et que le boulanger en est à sa troisième cuisson. — Cass., 22 Août 1856. — (S., 56. 1. 844.)

De même encore, s'il est justifié que le boulanger a fait une fournée de plus qu'à l'ordinaire et que le manque de pain est du à des demandes plus nombreuses causées par la prévision d'une augmentation de la taxe. — Cass., 7 Mars 1862. — (D., 62. 5. 39.)

Est en contravention le boulanger chez lequel il n'a pas été trouvé de pain bis. Il ne saurait invoquer pour excuse qu'il a vendu du pain bis toute la journée et qu'il est huit heures et demie du soir ; alors que le règlement prescrit de tenir les boutiques suffisamment garnies de pain taxé. — Cass., 20 Juillet 1854. — (S., 54. 1. 737.)

CHAPITRE VII

Du pesage du pain

Le droit de l'autorité municipale d'imposer aux boulangers l'obligation de peser le pain au moment de la vente, résulte clairement de l'art. 3, p. 4, titre XI, de la loi des 16-24 Août 1790, qui confie aux municipalités l'inspection sur la fidélité du débit des denrées qui se vendent au poids. Le décret du 22 Juin 1863 réserve expressément le droit des maires sur ce point. - Cass., 8 Juillet et 16 Déc. 1864. — (S., 65. 1. 334.)

Nous étudierons plus loin le droit des maires de prescrire la vente du pain au poids. Il ne faut pas confondre l'obligation du pesage et l'obligation de la vente au poids, lesquels constituent deux obligations bien distinctes. Un arrêté pourrait prescrire l'une sans prescrire l'autre, et réciproquement, ou prescrire les deux simultanément.

L'obligation imposée aux boulangers de peser le pain qu'ils livrent dans leur boutique sans qu'il soit besoin de réquisition de la part de l'acheteur, ainsi que le droit donné à l'acheteur de ne payer que la quantité de pain réellement indiquée par le pesage, ne forment pas deux dispositions se contredisant. Au contraire, il y a là une double garantie donnée à l'acheteur pour assurer la fidélité du débit. — Cass., 18 Février 1858. — (S., 58. 1. 555.)

Il en est ainsi à Paris, où l'ordonnance de police du

14 Novembre 1867, soumet les boulangers à la double obligation de la vente au poids et du pesage Nous étudierons plus loin les difficultés auxquelles cette ordonnance donne lieu.

Un règlement municipal, d'après lequel le pesage doit avoir lieu au moment de la livraison du pain de toute espèce, indique nettement qu'il s'applique aussi aux pains de fantaisie. — Cass., 8 Juillet 1864. — (S., 65. 1. 334.) — Trib. Andelys, 24 Août 1878. — (J. dr. crim. 79. 235.)

Le défaut de pesage, prescrit par un arrêté, constitue une contravention, même dans le cas où l'exactitude du poids aurait été reconnue ultérieurement. — Cass , 14 Mars 1861. — (D., 61. 5. 45.)

Si l'arrêté se borne à prescrire seulement le pesage du pain avant la vente, le fait de mettre en vente des pains ne pesant pas le poids indiqué par leur forme, ne constitue pas une contravention, car, en ce cas l'acheteur est protégé par la nécessité du pesage. — Cass., 8 Mai 1858. — (D., 58. 5. 39.)

Mais si l'arrêté interdit de mettre en vente des pains n'ayant pas le poids fixé, la contravention est encourue. — Cass., 24 Juin 1858. — (D., 58. 5. 40.)

L'obligation du pesage n'existe pas en cas de remise à un dépositaire de pains destinés à être vendus ailleurs que chez le boulanger, car cette obligation ne prend naissance qu'au moment de la vente, ou après la vente. — Cass., 8 Mai 1888, précité.

Le pesage prescrit par un arrêté, doit être effectué même si l'acheteur ne le requiert pas, quand bien même l'arrêté ne le dirait pas expressément. — Cass., 18 Février 1858, précité. — Cass., 16 Décembre 1864. — (S., 65. 1. 334.)

Lorsqu'un arrêté prescrit aux boulangers de pourvoir leurs porteurs de balances, cet arrêté ne s'applique pas au cas où l'acheteur ayant fait peser les pains devant lui, le boulanger les fait ensuite porter à domicile. — Cass., 16 Février 1854. — (S., 54. 1. 337.)

Lorsqu'un arrêté réserve au commissaire de police le droit de procéder au pesage des pains, ce droit peut être exercé à l'égard des pains qui se trouvent dans le fournil qui est considéré comme une dépendance de la boutique du boulanger. — Cass., 1er Février 1851. — (D., 51. 5. 51.)

La foi due au procès-verbal du commissaire de police oblige le tribunal à prononcer condamnation, alors même que le pain n'ayant pas été saisi, le tribunal ne peut s'assurer par lui-même de la réalité de la contravention. — Cass., 12 Mars 1847. — (D., 47. 4. 46.)

Lorsqu'un arrêté porte que la vente du pain ne pourra avoir lieu qu'au poids, doit être puni de la contravention de l'art. 471, p. 15, le boulanger dans la voiture duquel ont été trouvées des balances démontées dont l'aiguille est faussée et qui ne peuvent servir à première demande. — Trib. correc. Rochefort, 27 Sept. 1890. — (Gaz. Pal. 90. 2. 696.)

Une Société coopérative de boulangerie est tenue d'avoir les poids réglementaires, même lorsqu'elle ne vend son pain qu'à ses associés. Il en était ainsi dès avant la loi du 19 Avril 1905, art. 9, qui a soumis à la patente les Sociétés coopératives de consommation qui possèdent des boutiques pour la vente de leurs produits. A plus forte raison, en est-il de même depuis cette loi. — Cons. d'Etat, 9 Nov. 1888. — (S., 90. 3. 59.)

CHAPITRE VIII

Du poids du pain

Le droit de l'autorité municipale de fixer le poids que les pains devront peser, est certain. Le décret du 22 Juin 1863 a maintenu les dispositions des règlements antérieurs touchant la fidélité du débit et l'art. 97, n° 5, de la loi du 5 Avril 1884 confie aux maires l'inspection sur la fidélité du débit des denrées qui se vendent au poids.

La peine encourue est la contravention de simple police de l'art. 471, p. 15, du Code pénal.

Le maire peut prescrire que les pains auront un poids déterminé et qu'il ne peut en être vendu d'autres poids ; ou bien, il peut prescrire simplement la vente au poids, ce qui donne au boulanger la faculté de fabriquer des pains de toutes sortes de poids.

A Paris, l'ordonnance de police du 14 Novembre 1867, prescrit expressément que la vente du pain soit toujours effectuée au poids constaté par le vendeur et l'acheteur, pour les pains entiers comme pour les fractions de pain.

Si un maire peut prendre un arrêté décidant que la vente du pain se fera au poids, il ne peut, au contraire, interdire la vente au poids, fut-ce du pain de luxe. Une telle disposition serait inconciliable avec l'art. 97, p. 5, de la loi du 5 Avril 1884. — Cass., 26 Déc. 1895. — (S., 96. 1. 255.)

L'apposition d'une affiche dans la boutique d'un boulanger, indiquant que « le pain est vendu à la pièce ou au poids au gré du client » ne constitue pas, par elle-même, et s'il n'y a pas de déficit constaté, une contravention à un arrêté prescrivant la vente du pain au poids. — Cass., 16 Mars 1900. — (Rec. just. paix. 1901. 76.)

Est légal l'arrêté prescrivant aux boulangers qui se rendent dans une commune pour y vendre du pain, d'avoir à se munir de balances et à fournir aux clients le poids demandé. Les boulangers ne sauraient échapper à cette prescription, en affichant dans leurs voitures que le pain qu'ils livrent à domicile est vendu à la pièce et non au poids. — Trib. s. pol. Evry, 24 Février 1900. - (Gaz. Trib., n° 22 Avril 1900.)

Lorsqu'un règlement municipal prescrit de fabriquer des pains d'un poids déterminé, il n'est pas permis aux boulangers d'en confectionner d'un poids supérieur ou inférieur. Mais, pour que la contravention existe, encore faut-il, qu'entre le poids constaté et le poids réglementé, il existe une différence assez notable pour que l'intention d'enfreindre l'arrêté soit certaine, car l'ouvrier le plus habile ne peut assurer à tous les pains un poids rigoureusement semblable. Cass., 19 Juin 1846. — (D., 46. 4. 43.)

Le juge ne saurait se fonder pour relaxer le boulanger de la contravention, sur ce que l'usage aurait établi une exception pour les pains dits « de vendange » qui sont d'un volume et d'un poids ordinairement fixés à la convenance du propriétaire qui les commande. L'usage ne saurait prévaloir contre l'arrêté. Ce serait admettre une excuse non reconnue par la loi et méconnaître la force obligatoire des règlements municipaux. — Cass., 3 Juillet 1847. — (S., 47. 1. 869.) — Cass., 25 Mars 1854 — (S., 54. 1. 337.)

Mais un arrêté interdisant aux boulangers « de vendre au « poids du pain à un prix supérieur à la taxe », s'il est illégal en tant qu'interdisant la vente au poids, ne doit point être interprété comme leur interdisant la fabrication et la vente d'un pain de qualité supérieure au pain taxé. A ce point de vue, il n'est pas critiquable. — Cass., 26 Déc., 1895. — (S. 96. 1. 255.)

L'arrêté du maire peut décider que les pains devront avoir un poids déterminé, sans excuser aucun déficit pour déchet de cuisson ou dessèchement. — Cass., 14 Août 1867. — (D., 67. 4. 47.)

Et la contravention existerait quand bien même il se serait écoulé un certain temps depuis la sortie du four, ou quand même la forme particulière des pains les aurait exposés davantage à l'action du feu ; le déchet fût-il si minime que toute idée de fraude dût être écartée. — Cass., 1er Avril 1826. — (P. chr.) — Cass., 6 Juin 1835. — (S., 35. 1. 871).

Ces décisions paraissent cependant bien dures. L'autorité préfectorale devrait intervenir pour faire modifier les règlements municipaux qui rejetteraient toute tolérance sur le poids, car, lorsque le pesage du pain est prescrit, la fraude n'est pas à craindre, le boulanger pouvant toujours parfaire la différence sur le manquant, en ajoutant un morceau de pain.

Aussi nombre de règlements municipaux admettent-ils une tolérance sur le poids, mais, en ce cas, l'arrêté doit être interprété restrictivement. Si le déficit n'est admis que pour les pains cuits depuis plus de 24 heures, il ne saurait être excusé pour les pains cuits depuis moins longtemps.— Cass., 7 Mars 1835. — (D., 35. 1. 197.)

Si la tolérance n'est admise par l'arrêté que pour le pain d'une certaine qualité et indique que les autres devront peser le poids fixé, le boulanger ne pourrait être excusé sous le prétexte que l'arrêté ne serait applicable qu'aux pains cuits dans le jour, ou que le déficit serait dû au dessèchement. — Cass., 1er Juillet 1842. — (S., 42. 1. 866.)

Le jugement qui acquitte un boulanger en vertu de la tolérance, doit énoncer en termes exprès que le déficit ne dépasse pas la tolérance admise et a été occasionné par la cause prévue par l'arrêté. Ne serait pas suffisamment motivé le jugement qui se bornerait à dire que le déficit constaté rentrait dans la limite de la tolérance admise. — Cass., 30 Août 1838. — (S., 39. 1. 73.)

Les règlements sur le prix et le poids du pain, intéressant l'ordre public, ne peuvent être modifiés par des conventions particulières entre boulangers et clients, dispensant les premiers d'exécuter les prescriptions desdits règlements. — Cass., 14 Février 1863. — (S., 63. 1. 184.)

Le boulanger qui a fabriqué des pains au-dessous du poids fixé, ne peut invoquer pour excuse que le client les exigeait très cuits et approuvait formellement le déficit de poids corrélatif. — Cass., 7 Sept. 1844. — (S., 45. 1. 317.) — Cass., 27 Février 1847. — (D., 47. 4. 398.) — Trib. Compiègne, 21 Octobre 1890. — (La loi du 12 Février 1891.)

Si certains clients croient juste d'accorder à un boulanger une indemnité pour que leur pain soit très cuit, elle ne peut consister qu'en un supplément de prix mais non dans la réduction du poids réglementaire.— Trib. correct. Bagnères-de-Bigorre, 4 Juin 1881. — (D., 82. 3. 24.)

L'obligation d'écroûter les pains n'ayant pas le poids exigé, par l'effet de la cuisson, peut être imposé par un arrêté. L'infraction est punie par l'art. 471, n° 15, Code pénal.

Les tribunaux de simple police ne peuvent, à l'occasion de ces contraventions, prononcer la peine de la confiscation des pains saisis, quand bien même l'arrêté l'aurait prescrit.

L'art. 471 du Code pénal n'autorise, en effet, les tribunaux de simple police à prononcer la peine de la confiscation des objets saisis en contravention que dans les cas prévus par l'art. 470. — Cass., 24 Nov. 1853. — (S., 54. 1. 152.)

Si l'infraction commise ne constituait pas une simple contravention, mais le délit de tromperie sur la quantité de la marchandise puni par la loi du 1er Août 1905, la confiscation pourrait être prononcée.

CHAPITRE IX

De la forme des pains

L'obligation imposée aux autorités municipales de veiller à la fidélité du débit des denrées qui se vendent au poids, en vertu des textes que nous avons cités, entraîne comme conséquence, le droit d'imposer aux boulangers l'obligation de donner à leurs pains des formes déterminées, indicatives d'un poids convenu.

Avant la loi du 27 Mars 1851, tendant à la répression des fraudes dans les ventes de marchandises, l'inobservation d'un règlement municipal, ne pouvait entraîner qu'une simple contravention de police à la charge du boulanger qui aurait vendu un pain d'un poids inférieur à celui que sa forme devait faire supposer d'après l'arrêté. Quant à la simple mise en vente, elle était réprimée par l'art. 471, p. 15.

On se demandait si la vente pouvait être punie des peines de l'art. 432 ?

Depuis la loi du 27 Mars 1851, l'inobservation des arrêtés ou, simplement, des usages locaux sur la forme des pains, peut, dans certains cas, constituer le délit de tromperie sur la marchandise vendue. A plus forte raison, en est-il de même, depuis la loi du 1er Août 1905 sur les fraudes commerciales, qui a étendu, en les aggravant, les dispositions de la loi de 1851. Cette loi donne, en effet, la qualification de tromperie sur la quantité de la marchandise vendue, à de simples indications frauduleuses du poids, par cela seul que ces indications tendraient à faire croire à un pesage antérieur et exact.

Il est à noter qu'en pareil cas, l'usage a autant de force qu'un arrêté municipal lorsque l'usage a attribué des formes déterminées aux pains d'un certain poids. Le marchand se trouve alors garant du poids que la forme faisait présumer.

A l'inverse de la contravention de simple police qui ne nécessite qu'un fait matériel dépourvu de toute intention criminelle, le délit de tromperie sur la quantité de la chose vendue, suppose, comme tout délit, une intention frauduleuse chez son auteur. S'il n'y a pas fraude volontaire et consciente, le délit n'existe pas. Les tribunaux ont un souverain pouvoir d'appréciation qui échappe au contrôle de la Cour de Cassation. — Cass., 30 Juin 1854. — (S., 54. 1. 501.) — Cass., 14 Juillet 1854. — (D., 54. 1. 385.)

En général, il est admis qu'il y a preuve suffisante de l'intention de tromper, quand le pain avait la forme ou la marque prescrite pour un poids déterminé, quand le déficit dépassait la tolérance admise, enfin, quand le boulanger devait connaître le déficit.

Le tribunal doit cependant rechercher si le déficit peut être considéré comme un simple déchet de cuisson. — Trib. corr. Pau, 26 Janvier 1808. — (Loi du 25 Octobre 1908.) — Caen, 18 Mai 1905. — (Rec. Caen. 1905. 99.)

Il n'est pas nécessaire, pour que le délit existe, que les pains défectueux aient été exposés dans la boutique, il suffit qu'ils aient été mis à la disposition des clients dans la partie de la maison où ils étaient déposés. — Cass., 10 Mai 1867. — (S., 68. 1. 46.). — Trib. corr. Bagnères-de-Bignore, 4 Juin 1881, précité.

Jugé, à propos du pain dit « à trois grignes », que la loi de

1851 ne peut s'appliquer qu'à ceux des pains dont la forme est indicative du poids. En conséquence, lorsqu'aucun arrêté, ni usage local, n'établit que le pain dit « à trois grignes » soit indicatif du poids, la loi de 1851 n'a pu être appliquée.

Mais lorsque, même en l'absence d'un règlement municipal, l'usage a affecté aux pains d'un poids déterminé, une forme particulière, le fait d'exposer en vente un pain pesant moins que le poids que sa forme fait présumer, constitue le délit de tromperie prévu par la loi de 1851 (aujourd'hui loi du 1er Août 1905.) — Cass., 12 Mars 1864. — (S., 64. 1. 372.) — Cass., 20 Janvier 1888. — (S., 88. 1. 347.) — Cass., 6 Août 1892. — (P., 94. 1. 117.) — Trib. corr. Bordeaux, 3 Février 1907. — (Le Droit du 5 Février 1907.)

Il en serait ainsi, alors même qu'il s'agirait de pains de fantaisie dispensés de toute vérification par un arrêté municipal, quand ces pains ont une forme réputée indicatrice de leur poids, d'après l'usage local.— Angers, 21 Avril 1856. — (D., 56. 2. 194.) — Cass., 22 Mars 1901. — (S., 1091. 1. 256.)

Mais la présomption de fraude et le délit disparaîtraient, si le boulanger faisait la preuve qu'il marque d'un signe apparent les pains trop légers, ou justifie qu'il pèse chaque pain au moment de la livraison pour pouvoir compléter le manquant. — Pau, 6 Juin 1908). — (Gaz. Trib. du 1er Nov. 1908.)

Indépendamment de la vente, le fait d'exposer en vente des pains d'un poids inférieur à celui que leur forme faisait présumer d'après un usage local, constitue le délit prévu par la loi de 1851. — Poitiers, 5 Décembre 1890. — (La loi du 12 Février 1901.) — Cass., 26 Décembre 1901. — (S., 1902. 1. 108.) — En sens contraire, v. Bordeaux, 20 Mars 1908. — (Rec. Bordeaux. 1908. 1. 185.)

L'intention frauduleuse peut être écartée quand le déficit peut être attribué à l'évaporation de l'eau, alórs surtout qu'il est établi que le boulanger avait dans sa boutique une affiche portant que la forme des pains n'est pas indicative du poids. — Agen, 19 Janvier 1898. — (Le Droit, 23 Février 1898.) — Caen, corr. 18 Mai 1905. — (Rec., Caen. 1905. 99.)

Mais le tribunal de Bordeaux a jugé, au contraire, le 2 Février 1907, qu'un Syndicat de boulangers ne saurait déroger à l'usage par l'apposition d'affiches portant que la forme des pains n'est pas indicative de leur poids. — (Le Droit, 5 Février 1907.)

Etudions maintenant les cas où la forme des pains n'est plus indicative de leur poids, d'après un usage local, mais d'après un arrêté.

Les boulangers doivent donner exactement aux pains les formes prescrites par les arrêtés et les poids dont ces formes sont l'indication. — Cass., 12 Mars 1864. — (S., 64. 1. 372. — Cass., 10 Mai 1867. — (S., 68. 1. 46.)

Le boulanger peut-il encourir, à la fois, les peines de la contravention et celles du délit ? La réponse doit être affirmative.

Lorsqu'un arrêté établit la vente au poids exclusivement, il a été jugé que le délit de tromperie existe, lorsque le boulanger met en vente des pains d'un poids inférieur à celui annoncé par leur forme, que les clients les reçoivent de confiance et sont ainsi trompés sur les poids. — Cass., 12 Décembre 1856. — (S., 57. 1. 237.)

Bien qu'un règlement municipal qui prescrit la vente du pain au poids constaté entre le vendeur et l'acheteur, ne déclare cependant le pesage obligatoire qu'à l'égard du pain vendu en boutique, et subordonne ce pesage à la réquisition de l'acheteur quant au pain porté à domicile, le fait de vendre et de livrer à domicile des pains, ayant un poids inférieur à celui que leur forme indique d'après l'usage, constitue, lorsque l'intention frauduleuse est reconnue, le délit réprimé par la loi du 27 Mars 1851. — Cass., 30 Nov. 1855. — (S., 56. 1. 367.)

Tout ceci doit s'entendre aussi bien des pains fabriqués dans la commune que hors de la commune. Le tribunal de simple police du lieu où ils sont mis en vente, ne peut donc se déclarer incompétent pour juger la contravention. — Cass., 7 Mars 1845. — (S., 45. 1. 648.)

Lorsqu'un arrêté prescrit que la vente du pain aura lieu à la forme et permet d'écroûter les pains qui n'ont pas le poids, le seul fait de mettre en vente, sans les écroûter, des pains ne pesant pas le poids, constitue le délit prévu par la loi de 1851. — Trib. corr. Pau, 26 Janvier 1898, précité.

A plus forte raison, le délit peut-il exister lorsque le boulanger viole à la fois et un usage local et un arrêté municipal, en vendant des pains dont le poids ne correspond pas à la forme. — Cass., 10 Mai 1867. — (S., 68. 1. 46.) — Pau, 6 Juin 1908. — (Gaz. Trib. du 1er Nov. 1908.)

Il n'y a pas d'intention frauduleuse, ni par conséquent, de délit, lorsqu'il existe une convention particulière entre boulangers et clients les dispensant de donner aux pains le poids correspondant à leur forme. — Agen, 19 Janvier 1898. — (Le Droit, 23 Février 1898). — Amiens, 2 Mai 1891. — (J. Amiens, 1891, p. 135.)

Toutefois le boulanger commettrait, non un délit, mais une contravention, si, malgré l'existence d'une convention avec ses clients, il livrait, sans le peser, un pain d'un poids inférieur à celui annoncé par sa forme, alors qu'un arrêté imposait le pesage du pain. — Trib. Périgueux, 22 Février 1893. — (Gaz. Pal. 93. 1. 342.)

CHAPITRE X

De la marque du pain

Les maires ont le droit d'obliger les boulangers à apposer sur leurs pains une marque distinctive. Cette faculté résulte pour eux de l'obligation de veiller à la fidélité du débit des denrées qui se vendent au poids, résultant des textes que nous avons déjà cités.

Lorsqu'un règlement impose la vente du pain à la forme et l'obligation d'écroûter les pains n'ayant pas le poids, le boulanger qui met en vente des pains non écroûtés et d'un poids inférieur, commet la tentative de tromperie prévue par la loi de 1851. L'intention de tromper ressort suffisamment de la contravention à l'arrêté. — Cass., 4 Février 1854. — (S., 54. 1. 337.)

Lorsqu'un arrêté prescrit que tous les pains qui sont fabriqués dans ou hors la ville, doivent être revêtus de certains numéros ou marques, cette prescription est applicable à tous les débitants, quels qu'ils soient, boulangers ou revendeurs. — Cass., 9 Avril 1858. — (S., 58. 1. 783.) — Trib. s. p. Sceaux, 11 Sept. 1852. — (P., 52. 2. 634.)

Dans une autre espèce où les termes de l'arrêté étaient différents, il a été jugé que lorsqu'il est prescrit que les pains n'ayant pas le poids, doivent être marqués, il y a contravention à la charge du boulanger dont les pains sont trouvés chez un débitant. Il ne peut prétendre que c'était au débitant à apposer la marque sur les pains à lui vendus. — Cass., 9 Juillet 1853. — (D., 53. 5. 51.)

Il doit être prononcé autant d'amendes qu'il y a de pains saisis sans marque. Vainement, dirait-on que l'application de la marque est une opération complexe, ou que les contraventions ont été constatées dans le même lieu, à la même heure par un seul procès-verbal. — (Cass., 27 Janvier 1865. — (D., 66. 1. 44.)

Le boulanger qui a vendu des pains qui n'avaient ni la marque, ni le poids prescrit, commet deux contraventions distinctes qui doivent être réprimées séparément. — Cass., 25 Mars 1854. — (S., 54. 1. 337.)

L'infraction à l'obligation de marquer le pain ne peut pas être punie, par l'arrêté municipal, de la peine de la confiscation. Mais cette peine pourrait être prononcée si l'infraction pouvait être considérée comme constituant le délit de la loi du 1er Août 1905.

CHAPITRE XI

De la salubrité du pain

Les maires tenaient autrefois le droit de veiller à la salubrité du pain, de l'art. 3, p. 4, titre XI, de la loi des 16-24 Août 1790. Ils tiennent actuellement leurs droits de l'art. 97, p. 5. de la loi du 5 Avril 1884.

Un arrêté peut donc obliger les boulangers à ne vendre que des pains entièrement cuits. — Cass., 13 Octobre 1854. — (D., 54. 5. 73.)

Il importe peu que l'arrêté n'indique pas le signe auquel on doit reconnaître que la cuisson est suffisante. — Cass., 11 Septembre 1847. — (D., 47. 4. 44.)

Si, devant le tribunal de simple police, le boulanger démontre que les pains saisis étaient assez cuits, la restitution des pains doit être ordonnée. — Cass., 1er Avril 1854. — (D., 54. 5. 606.)

Encourt la contravention, le boulanger chez lequel il n'a été trouvé qu'un seul pain invendable à cause de sa sécheresse, alors que le règlement prescrit que le pain soit bien cuit, bon, loyal et marchand. — Cass., 28 Juin 1856. — (D., 57. 1 30.)

La loi du 1er Août 1905 ne défendant que la mise en vente de substances falsifiées, corrompues ou toxiques, le boulanger qui met en vente du pain insuffisamment cuit, ne tombe pas sous l'application de cette loi, quoique ce pain soit cependant nuisible à la santé. Ce fait n'est donc pas puni par cette loi. Il appartient aux maires de prendre des arrêtés en conséquence, pour en faire l'objet d'une contravention.

Mais il est évident que si un boulanger employait de l'alun, du vitriol ou toute autre substance nuisible à la santé il commettrait le délit prévu par la loi du 1er Août 1905. Ce serait une falsification.

Si le commissaire de police trouve des pains corrompus, gâtés ou nuisibles à la santé pour défaut de cuisson, il en opère la saisie et dresse procès-verbal de la contravention. En vertu des art. 475, n° 14, et 477, du Code pénal, le boulanger encourt une amende de 6 à 10 francs, en outre de la saisie, de la confiscation et de la destruction des pains.

Un pâtissier ne peut alléguer qu'il est de bonne foi en employant pour colorer ses pâtes du jaune de chrome prohibé par un arrêté préfectoral, même si le colorant lui a été vendu sous le nom de « carmin breton », car il a le devoir de connaître exactement la nature et la composition des matières qu'il emploie. — Trib. corr. Lille, 29 Février 1896. — (Nord. jud. 97. 12.)

Le boulanger ne saurait, non plus. exciper, pour justifier le défaut de cuisson, de ce que le pain était du jour et avait été enveloppé pendant qu'il était encore chaud, ce qui aurait été la cause du ramollissement. — Cass., 2 Octobre 1856. — (D., 57. 1. 25.)

Est en contravention le boulanger qui vend du pain contenant 40 0/0 d'eau, quand le règlement prescrit que le pain sera vendu bien cuit. — Trib. pol. Picquigny, 16 Décembre 1881 (précité).

Il y a enfin tromperie sur la nature de la marchandise vendue dans le fait par un boulanger de livrer pour la consommation un pain contenant une quantité de seigle plus considérable que celle prévue au cahier des charges. — Bordeaux, 16 Mars 1859. — (D., 67. 5. 464.)

CHAPITRE XII

Des fours et fournils

L'art. 471, p. 1, du Code pénal punit d'une amende de 1 à à 5 francs, ceux qui auront négligé d'entretenir, réparer ou nettoyer les fours, cheminées ou usines où l'on fait usage du feu. Ce texte est évidemment applicable aux boulangers.

En outre, l'art. 97, n° 6, de la loi du 5 Avril 1884 ét les art. 2 et 8 de la loi du 21 Juin 1898, donnent le droit aux maires de prévenir les accidents par des précautions convenables. Il en résulte pour eux le droit de prévenir les dangers qui pourraient résulter du mauvais entretien des fours ou de la négligence dans l'emploi des combustibles, de prescrire des précautions pour la construction, l'organisation des fournils, le logement des combustibles, etc...

Enfin l'art. 458 du Code pénal punit d'une amende de 50 francs au moins, de 500 francs au plus, l'incendie des propriétés d'autrui qui aura été causé par la vétusté ou le défaut, soit de réparation, soit de nettoyage, des fours et cheminées.

Si le boulanger n'est que locataire de sa boutique, il est, en cas d'incendie, présumé en faute vis-à-vis de son propriétaire et responsable de plein droit (art. 1733 du Code civil.) Les voisins qui auraient subi des dommages par suite de l'incendie, pourraient agir contre le boulanger, en vertu de l'art. 1382 du Code civil, mais à charge par eux de démontrer que l'incendie est dû à sa faute. La présomption de faute n'existant pas entre le locataire et les propriéta·res ou locataires des immeubles voisins.

L'art. 8 de la loi du 21 Juin 1898 donne au maire le droit d'ordonner la démolition des fours dont l'état de délabrement ferait craindre un incendie.

L'art 674 du Code civil prescrit à celui qui veut construire un fo·r, de respecter les règlements et usages particuliers sur ces objets. Pour Paris les règles sont contenues dans l'ordonnance de police du 27 Mars 1906.

Les actions relatives à l'art. 674 sont de la compétence du juge de paix, si la propriété ou les titres ne sont pas contestés.

Contrairement à une croyance généralement répandue, le boulanger dont le four et la cheminée sont établis conformément aux règlements de police, peut, cependant, être recherché par les propriétaires voisins qui seraient incommodés par les flammèches, suies ou escarbilles s'échappant de la cheminée. Ceux-ci pourraient contraindre le boulanger à garnir sa cheminée d'appareils fumivores, et même, à la surélever au-delà de la hauteur prescrite par les règlements. Pour repousser l'action des voisins, le boulanger ne peut se borner à faire valoir qu'il est en règle avec les ordonnances de police. — (Seine, 16 Mars 1907, 5e ch.) — (Paris, 14 Mai 1908, 2e ch) — Aff. Grand. c. Lenfant (non publiés.)

CHAPITRE XIII

Des Syndicats

Dans chaque ville les boulangers peuvent former des Syndicats pour la défense de leurs intérêts professionnels, lesquels peuvent se réunir pour former un Syndicat central.

D'après l'art. 2 de la loi du 5 Août 1908, les Syndicats formés pour la défense des intérêts du commerce des denrées alimentaires ou marchandises quelconques, peuvent exercer les droits reconnus à la partie civile par le code d'instruction criminelle, relativement aux faits de fraude et de falsification prévus par les lois, ou recourir, s'ils le préfèrent, à l'action ordinaire devant le tribunal civil, en vertu de l'article 1382 du Code civil.

Avant cette loi de 1908, les Syndicats de la boulangerie avaient qualité pour former une action civile seulement, en dommages-intérêts contre un tiers qui aurait causé un préjudice aux membres du Syndicat, dans l'exercice de sa profession. — Cass., 10 Juillet 1852. — (S., 52. 1. 683.)

Un Syndicat professionnel ne saurait légalement posséder une marque de fabrique ou de commerce. En effet, ne pouvant se livrer à aucune opération commerciale ou industrielle, il ne peut faire usage d'une marque, qui, par conséquent, ne peut être possédée dans l'intérêt collectif des membres de ce Syndicat. La marque ne peut garantir que les intérêts individuels de chacun des membres du Syndicat qui sont distincts des intérêts collectifs de la profession. En conséquence, a été rejetée la poursuite dirigée par le Syndicat des confiseurs, pâtissiers, chocolatiers de Marseille, en contrefaçon d'une marque destinée à être apposée sur un gâteau, dit « Le Colombier ». — Cass., 19 Juin 1908. — Gaz. Trib. n° du 15 Novembre 1908.

CHAPITRE XIV

Des Coalitions de Boulangers

La loi du 5 Avril 1884, art. 97, p. 6, et l'art. 2 de la loi du 21 Juin 1898 chargent les maires de prévenir par des précautions convenables les événements calamiteux. Ils peuvent donc prendre les mesures nécessaires lorsqu'elles sont commandées par l'intérêt public, comme par exemple, empêcher les coalitions qui auraient pour but de créer une hausse factice du blé ou de la farine et par contre coup du pain.

Un arrêté a donc pu interdire aux boulangers, meuniers et blattiers l'entrée du marché d'une ville pendant les deux premières heures de son ouverture pour empêcher l'accaparement des blés et farines. — Cass., 23 Avril 1844. — (P., 41. 1. 444.)

Lorsque les boulangers d'une ville s'engagent entre eux à ne fournir qu'une quantité déterminée de pain par chaque décalitre de blé apporté par leurs clients en échange de pain, ce fait ne constitue pas le délit des articles 419 et 420 du Code pénal, alors du moins qu'il n'a pas amené une hausse ou une baisse du pain.

Il n'y a pas non plus de délit dans la convention par laquelle des boulangers s'interdisent de remettre gratuitement des gâteaux à leurs clients. — Poitiers, 22 Février 1840. — (D., rép. v°. Boulanger, n° 70.)

Et cette convention est obligatoire pour les boulangers entre eux. Elle cesse de l'être toutefois, lorsque la situation se trouve modifiée par le décès de plusieurs d'entre eux ou l'établissement de nouveaux boulangers. — Rouen, 29 Déc. 1864. — (S., 65. 2. 263.)

CHAPITRE XV

Ouvriers, employés, forts de la halle
accidents

Un arrêté du maire peut défendre aux ouvriers boulangers de pousser des cris bizarres ou des hurlements pendant la nuit, en pétrissant le pain. La contravention est personnelle à l'ouvrier qui l'a commise. Le patron ne peut en être rendu responsable. — Cass., 21 Novembre 1828. — (P. chr.).

Un arrêté ne peut pas obliger les patrons à n'employer que des ouvriers pourvus d'un bulletin de placement délivré par un buraliste préposé par le maire. — Cass., 19 Février 1864. — (S., 64. 1. 102.)

Les patrons sont responsables des contraventions commises par leurs préposés à propos de l'inexécution des règlements spéciaux à la profession. Jugé en ce sens, pour la domestique d'un boulanger qui avait refusé de vendre du pain. — Cass., 20 Juillet 1854. — (S., 54. 1. 737.)

Jugé dans le même sens lorsqu'une vérification faite dans la boutique d'un boulanger a fait découvrir des pains mis en vente, qui n'ont pas le poids prescrit, en l'absence du boulanger mais en présence de son garçon, ce dernier ne peut pas être poursuivi personnellement. — Grenoble, 15 Novembre 1867. — (J. dr. crim. 67, p. 360.)

Les forts de la halle médaillés, au service des boulangers, ne sont pas les préposés de ces derniers, qui ne sont pas civilement responsables des accidents que les forts ont pu causer en déchargeant leurs sacs. — Paris, 10 Avril 1891. — (Le Droit, 22 Avril 1891.)

Avant la loi du 9 Avril 1898, les patrons boulangers n'étaient pas responsables, de plein droit, des accidents survenus à leur personnel. L'ouvrier blessé ne pouvait actionner son patron qu'en démontrant que l'accident était dû à la faute de celui-ci.

Sous l'empire de la loi du 9 Avril 1898, il avait été jugé par de nombreux arrêts, que le boulanger qui faisait son pain sans employer de moteur inanimé, n'était pas assujetti à l'application de cette loi.

Mais la loi du 12 Avril 1906 a étendu la loi du 9 Avril 1898 à toutes les exploitations commerciales et, par conséquent, aux boulangers.

Le client qui prétend avoir été intoxiqué par des fournitures faites par un pâtissier doit faire la preuve d'une relation de cause à effet entre l'intoxication et les fournitures livrées. — Just. paix 2ᵉ arrt. 16 Octobre 1908. — (Gaz. Trib. 17 Novembre 1908.)

Aux termes de l'art. 3 de la loi du 13 Juillet 1906, les fabricants de produits alimentaires destinés à la consommation immédiate sont admis de droit à donner le repos hebdomadaire par roulement à leur personnel.

CHAPITRE XVI

Privilège et prescription

Les boulangers sont privilégiés, aux termes de l'art. 2101, p. 5, du Code civil, sur la généralité des meubles de leur débiteur, pour les fournitures de subsistances faites au débiteur et à sa famille pendant les six derniers mois. Il a été jugé que ce privilège ne s'étend pas aux fournitures faites à un maître de pension pour ses élèves. — Paris, 5 Mars 1838. — (S., 38. 2. 380.)

Le privilège est d'une année pour les marchands en gros.

Lorsqu'un boulanger vend du pain à un aubergiste et que le pain a servi également à la nourriture de la famille de l'aubergiste et à l'exploitation de son auberge, le privilège ne s'étend qu'à la portion de pain consommée par l'aubergiste et sa famille, mais non à celle consommée par les clients de l'auberge. — Lyon, 14 Décembre 1832. — (S., 33. 2. 169.)

Les subsistances consommées par les domestiques du débiteur ne sont privilégiées, que si ceux-ci habitent sous le même toit que leur maître.

La période de six mois ou d'un an pendant laquelle les fournitures sont privilégiées est celle qui précède le décès, la déconfiture ou la faillite du débiteur.

Le privilège n'est accordé que pour ce qui a été raisonnablement nécessaire au débiteur et à sa famille. — Cass., 10 Juin 1890. — (S., 90. 1. 453.)

L'action des boulangers pour les marchandises qu'ils vendent aux particuliers non marchands, se prescrit par un an (art. 2272 du Code civil.) Ce qui ne veut pas dire qu'après un an, le boulanger ne puisse plus rien réclamer. Seulement, si le débiteur poursuivi affirme, sous serment, qu'il a payé la dette réclamée, il sera cru sur son serment et le boulanger sera débouté de sa demande. Le serment peut être déféré aussi aux veuves, héritiers ou tuteurs pour qu'ils aient à déclarer s'ils ne savent pas que la chose soit due.

Cette prescription n'a pas lieu de marchand à marchand.

CHAPITRE XVII

Régime de la boulangerie de Paris

Comme nous l'avons vu dans les chapitres précédents, le décret du 22 Juin 1863 n'a pas retiré à l'autorité municipale le droit de veiller à la fidélité du débit et à la salubrité du pain. Il nous faut donc examiner maintenant dans quelle mesure l'autorité municipale a usé de son droit envers les boulangers de Paris, quels sont les règlements spéciaux à ces derniers et quelle jurisprudence leur est applicable.

Actuellement les principaux textes applicables à la boulangerie de Paris spécialement, sont : l'ordonnance de police du 14 Novembre 1867, celle du 24 Novembre 1898, et celle du 27 Mars 1906.

Nous pourrions donc complètement passer sous silence la jurisprudence antérieure à 1863, si l'ordonnance de police du 14 Novembre 1867 n'avait pas reproduit dans son art. 2, le texte même de l'art. 4 de l'ordonnance de police du 2 Novembre 1840, relatif à l'obligation du pesage. La jurisprudence antérieure à 1867, qui a interprété cette ordonnance, est donc toujours intéressante à connaître.

La Cour de Cassation a jugé le 19 Juin 1841 qu'un boulanger avait contrevenu à l'obligation du pesage, en ne pesant pas le pain, alors même qu'il prouverait avoir offert à l'acheteur de le peser et que celui-ci avait refusé. — (D. rép. v°. Boulanger, n° 102.)

Le 26 Février 1842, elle a encore jugé que l'obligation du pesage s'applique même au pain cuit la veille, quand bien même l'acheteur aurait consenti au défaut de pesage ; le boulanger eût il même repris le pain rassis qu'il venait de livrer et donné un autre pain en échange, après l'avoir pesé. — (S., 42. 2. 212.)

Enfin elle a jugé le 16 Décembre 1842, que l'obligation de peser le pain s'appliquait à toutes espèces de pains, ceux soumis à la taxe, comme ceux qui n'y étaient pas soumis, dits « pains de fantaisie ». Et, qu'en ce cas, lorsque le pain pesé présente un déficit, le boulanger est tenu de compléter le poids en nature. La différence sur le poids ne pouvant être compensée par la différence sur le prix que le boulanger est libre de fixer à sa guise pour ces sortes de pains. — (P., 44. 1. 756.)

Les porteurs de pains sont tenus d'avoir toujours sur eux, leurs balances et leurs poids et de les porter jusque dans le domicile des particuliers, sans pouvoir les quitter lorsqu'ils vont distribuer leurs pains ailleurs. — Cass., 19 Juin 1841 (précité).

Mais si le porteur de pains se sépare de ses balances, lui seul encourt la contravention et non le boulanger personnellement, lequel ne peut être recherché que civilement, en vertu de l'art. 1382 du Code civil. — Cass., 25 Février 1842. — (S., 42. 1. 431.)

Lorsqu'un porteur de pains livre du pain au domicile d'un acheteur, sans le peser, et qu'un déficit est ensuite constaté par procès-verbal, le porteur et son patron peuvent-ils être poursuivis en vertu de la loi du 27 Mars 1851 ? Sous l'empire de cette loi, un jugement du tribunal correctionnel avait condamné le porteur seul. Sur appel, la Cour de Paris a condamné le patron personnellement, mais la Cour de Cassation a cassé l'arrêt de la Cour de Paris qui s'était basée, pour condamner, sur de prétendues manœuvres et procédés employés par le boulanger pour faire croire à un pesage antérieur et exact. La Cour de Cassation a jugé que l'arrêté de la Cour de Paris n'était pas assez motivé, comme ne précisant pas de quelles indications frauduleuses le boulanger se serait servi. — Cass., 7 Août 1862. — (J. dr. crim., 1862, p. 364.)

Sous l'empire de l'ordonnance de police du 2 Novembre 1840, la question pouvait se poser de savoir si les boulangers pouvaient, en même temps, faire de la pâtisserie et réciproquement. Cette question avait été tranchée par un jugement du 25 Août 1842, en faveur des boulangers qui furent reconnus en droit de faire de la pâtisserie, mais sans réciprocité au profit des pâtissiers qui ne se conformaient pas aux règlements sur la boulangerie. Le décret du 22 Juin 1863, ayant proclamé la liberté du commerce de la boulangerie et l'autorisation préalable n'étant plus exigée à Paris, il est certain qu'aujourd'hui la réciprocité doit être admise.

Pour mettre fin aux conflits sans cesse renaissants qui divisaient le Préfet de la Seine et le Préfet de Police touchant le droit de réglementer la boulangerie, un décret du 10 Octobre 1859 a confié au premier le droit de réglementer et a attribué au second la surveillance de l'exécution des lois et règlements.

C'est en vertu de ce pouvoir, que le Préfet de la Seine a pris le 31 Août 1863, après la promulgation du décret du 22 Juin 1863, un arrêté qui réglemente la profession de boulanger et de débitant de pain. Ce décret avait surtout pour but de régler la manière dont les boulangers devaient pratiquer en vue de la compensation des prix. La caisse de la Boulangerie ayant été supprimée et liquidée depuis, ce décret n'a donc plus d'objet, sauf dans son art. 5 qui est relatif au pesage du pain, lequel doit toujours être fait par le boulanger au moment de la vente.

Cet arrêté a été complété par l'ordonnance de police du 14 Novembre 1867, qui forme aujourd'hui le véritable code de la matière. Nous en reproduisons le texte à la fin de ce volume.

L'arrêté du Préfet de la Seine du 31 Août 1863 a supprimé complètement les mesures relatives à l'approvisionnement de Paris, ce qui a entraîné la suppression des privilèges dont jouissaient les facteurs, en vertu des dispositions du décret du 27 Février 1811.

Les dispositions réglementaires sur la taxe et la vente du pain dans Paris qui figuraient dans les ordonnances antérieures, ne sont plus en vigueur depuis l'application du décret du 22 Juin 1863.

Quant à la taxe, l'arrêté du Préfet de la Seine, du 31 Août 1863, disait que l'administration ferait établir le prix du pain, tel qu'il aurait été fixé si la taxe officielle avait été établie. Cette taxe officieuse a été remplacée dans l'intervalle compris entre le 15 Septembre 1870 et le 1er Juin 1871, par la taxe officielle. La taxe officieuse n'est plus publiée depuis quelques années.

La principale question qui préoccupe à l'heure actuelle les boulangers de Paris est celle de savoir s'ils sont obligés de vendre au poids les pains « de fantaisie » ou s'ils peuvent les vendre à la pièce.

Par un arrêt du 10 Novembre 1906 — (Gaz. Trib. 1907. 1. 390.) — la 5e Chambre de la Cour de Paris avait reconnu que l'obligation pour les boulangers de peser le pain, ne comportait d'autre tempérament que celui que l'usage et la tolérance administrative avaient introduit, en faveur des pains de luxe ou de fantaisie, lesquels ne peuvent être que des pains d'un kilo et moins, ou des pains de deux kilos de plus de 70 centimètres. En conséquence, elle a débouté un acheteur de fonds de sa demande en réduction de prix, et reconnu qu'il n'y avait pas vice caché dans le fait par son prédécesseur d'avoir l'habitude de vendre à sa clientèle au poids et non à la pièce, des pains de trois livres.

Par un jugement du 12 Juillet 1907 — (G. Trib. des 6 et 13 Juillet 1907) — la 8e Chambre correctionnelle du tribunal de la Seine avait implicitement jugé que les pains de luxe pouvaient être vendus à la pièce et non au poids, mais par un autre jugement, longuement motivé, du 26 Juillet 1907, cette même Chambre est revenue sur sa jurisprudence antérieure et décidé que ni l'ordonnance de 1840, ni celle de 1867, n'ont dispensé les boulangers de vendre au poids exact les pains de fantaisie. L'obligation de vendre au poids s'appliquant à tous les pains, et les pains de fantaisie pouvant seulement être vendus à un prix conventionnel supérieur au prix du pain de ménage. Ce jugement a fait application à la porteuse de pain des dispositions des art. 1 et 2 de la loi du 1er Août 1905 et déclaré le patron civilement responsable. (Gaz. Trib. 1907. 2. 466.)

Cette même Chambre a encore confirmé sa jurisprudence par un autre jugement du 28 Novembre 1907, en affirmant que les termes de l'ordonnance de police de 1867 sont absolus et ne comportent aucune distinction. — (Gaz. Trib. 1908. 2. 136.)

Enfin la 9e Chambre de la Cour de Paris, par deux arrêts du 12 Février 1908, a confirmé la même jurisprudence, en décidant que le boulanger ne peut refuser à sa clientèle la vente au poids des pains de fantaisie, dits « marchands de vin » ou « de luxe »,

Pour le second de ces deux arrêts, elle a, il est vrai, acquitté la prévenue, en se fondant sur l'existence d'une convention entre le boulanger et son client, dispensant le boulanger de lui vendre au poids. — (Gaz. Trib. 1908. 2. 255.)

ANNEXE

Ordonnance concernant la vente du pain

Paris, le 14 Novembre 1867.

Nous, Préfet de Police,

Vu 1° les lois des 16-24 Août 1790 et des 19-22 Juillet 1791 ;

2° Les arrêtés des Consuls des 12 Messidor an VIII et 3 Brumaire an IX, et les lois des 7 Août 1850 et 10 Juin 1853 ;

3° L'arrêté de M. le Sénateur, préfet de la Seine, en date du 8 de ce mois, relatif au fonctionnement de la caisse de la boulangerie ;

Considérant qu'il convient, dans l'intérêt de la fidélité du débit, de prescrire d'une manière générale, la vente du pain au poids ;

Ordonnons ce qui suit :

1° A dater de ce jour, la vente du pain, dans tout le ressort de la préfecture de police, se fera au poids constaté entre le vendeur et l'acheteur, soit qu'elle s'applique à des pains entiers, soit qu'elle porte sur des fractions de pain ;

2° Les boulangers sont tenus de peser, en le livrant, le pain qu'ils vendront dans leur boutique, sans qu'il soit besoin d'aucune réquisition de la part des acheteurs.

Quant au pain porté à domicile, l'exactitude du poids pour lequel il sera vendu, devra être vérifiée à toute réquisition de l'acheteur ;

A cet effet, les boulangers auront toujours sur leurs comptoirs les balances et poids nécessaires, et ils devront en pourvoir leurs porteurs de pain ;

3° Les contraventions aux dispositions qui précèdent seront constatées par des procès-verbaux qui seront transmis pour être déférés aux tribunaux compétents ;

4° La présente ordonnance sera imprimée, publiée et affichée. Elle sera notifiée immédiatement par les commissaires de police à chacun des boulangers de leurs circonspections respectives ;

5° Le chef de la police municipale, les commissaires de police de Paris et des communes du ressort de la préfecture de police, et les agents sous leurs ordres, sont chargés, chacun en ce qui le concerne, d'en assurer l'exécution.

Le Préfet de Police,
J.-M. PIETRI.

TABLE DES MATIÈRES

Pages

www.ingramcontent.com/pod-product-compliance
Ingram Content Group UK Ltd.
Pitfield, Milton Keynes, MK11 3LW, UK
UKHW022145070726
13613UKWH00003B/1422